삼인삼색 미학 오디세이 1

진중권·현태준과 함께 떠나는 원시~근대 미와 예술의 세계

원작 진중권 | 글·그림 현태준

일러두기
《삼인삼색 미학 오디세이》 1권에서는 현태준 작가의 키치적 감성을 살리기 위하여
인명과 용어, 기타 어휘 표기를 한글 맞춤법과 달리 쓴 경우가 있습니다.
바른 인명은 각주를 참조하기 바랍니다.

1

진중권·현태준과 함께 떠나는
원시~근대 미와 예술의 세계

三人三色

미학 오디세이

원작 **진중권**

글·그림 **현태준**

삼인삼색 추천사

미학이 사고치고, 만화가 수습하다!

"만화가 사고를 치면 철학이 수습한다."라는 말이 있다. 프랑스에서 '68 이후 황금기를 맞은 전위만화를 두고 하는 얘기다. 만화가 기존의 생각 틀을 깨고 밖으로 뛰쳐나가면 철학이 그 뒤를 좇아가 주석을 달며 새로운 세계로 추슬러낸다는 뜻이다. 그만큼 만화가 앞서가는 전위예술이라는 뜻이기도 하고, 또 그만큼 철학이 부지런히 작동하며 살아있다는 뜻도 될 것이다.

  이 책에선 그 두 전위적 전통이 하나로 만나고 있다. 다만 그 순서가 반대인데, 진중권이 《미학 오디세이》라는 야심적 저술로 기존 미학의 틀을 깨는 대형 사고를 냈고, 이제 세 명의 만화가들이 그것을 수습하고 있다. 그런데 만화가마다 수습 방식이 크게 달라 흥미롭다. 현태준은 키치와 똥 냄새를 섞어 우리 정서에 쉽게 다가오게 만들었다. 이우일은 빗으로 빗듯 가지런하게 정돈했고, 김태권은 독창적 재해석으로 전혀 새로운 창작물을 주조해냈다. 미학 저술이 이렇게 여러 빛깔의 만화로 재탄생할 수 있다는 것이 놀랍다.

성완경(인하대학교 교수 / 미술평론가)

'생각하는 즐거움'에 흠뻑……!

그림을 직접 창작하는 나로서는 '미학'이라는 것을 별로 좋아하지 않았다. 뻔한 이야기를 공연히 어렵게 풀어 골치 아프게 만드는 일이라고 생각해왔기 때문이다. 난 오히려, 자연스럽게 창작하는 나를 통해 나 스스로 미학을 만들어내는 것을 더 좋아했다.

  그런데 이번에 《삼인삼색 미학 오디세이》를 읽으면서 내가 잘 모르고 있었던 부분이 무엇인지 알게 되었고, 모호했던 부분이 명료하게 되는 체험을 했다. 즐거운 일이었다. 게다가 예술에 대해 논리적, 철학적으로 깊이 사고하는 즐거움(이건 내가 정말 피하고 싶었던 것인데……!)까지 얻게 되었으니, 놀라운 일이다. 쉽지 않은 만화를 그려준 세 후배들께 감사하며, 많은 사람들이 '생각하는 즐거움'의 여행에 흠뻑 빠져 보시기를 권한다.

박재동(예술종합학교 교수 / 만화가)

좋은 원작과 빼어난 재해석… 탁월한 교양만화!

만화는 지식과 정보를 효율적으로 전달할 수 있는 매체다. 독자들에게 가장 손쉽고 흥미롭게 다가갈 수 있다. 단순한 논리이기는 하지만 책읽기 싫어하는 독자들을 유인할 수 있는 최고의 방도가 만화인 것이다. 따라서, 지식정보책으로 만화의 역할은 앞으로 개발하기에 따라 무궁무진하게 넓어질 것이다.

이번에 새롭게 출간하는 《삼인삼색 미학오디세이》는 지식정보만화이며 동시에 탁월한 교양만화다. 원작을 해석하는 데 있어 작가들의 개성이 넘치게 반영되어 있다. 현태준은 자신의 스타일답게 미학이라는 낯선 개념을 최대한 간략하게 정리하고 있다. 진중권이라는 필자와 현태준이라는 만화가를 거친 미학은 일상이 되어버린다. 일러스트레이션의 달인답게 이우일의 해석은 원작에 충실하다. 독자들은 이우일의 만화를 통해 미학을 쉽고 재미있게 이해할 수 있게 될 것이다. 반면, 《십자군이야기》라는 지식교양만화의 작가 김태권은 진중권의 원작에 김태권 자신의 이야기를 함께 버무려냈다. 그야말로 삼인삼색! 한 작가의 원작이 이처럼 만화르 흥미롭게 분화, 해석되는 사례는 없었다. 세 권의 책은 좋은 원작과 빼어난 재해석이 만나 흥미로운 경험을 제공한다. 만화를 읽어가다 보면, 저절로 학습하고 있는 나를 발견할 수 있다. 교과서에 대한 언급은 없지만 이것이 바로 진정한 학습만화다.

박인하(청강문화산업대학 교수 / 만화평론가)

머리말 | 멀고도 가까운 우리 동네 이야기

2004년에 휴머니스트의 한상준 주간이 《미학 오디세이》(진중권 지음)를 만화로 그려달라기에 '으흠, 이 양반이 사람을 볼 줄 아는구먼' 우쭐하여 덥석 달려들었다. 당시 나는 미학의 '미' 자도 몰랐음에도 왠지 '미학'에 가까이 간다는 것 자체가 꽤 있어보일 것 같았다. 여기저기 자랑을 하니까 사람들이 고개를 끄덕끄덕 알아주는 것 같아서 기분도 좋았다. 하지만 역시 쉬운 일은 아니었다. 만날 여자와 코딱지, 그리고 방귀만화만 그리던 내게 있어서 '미학만화'는 가깝고도 머나먼 당신이었다고나 할까?

원작이 쉽게 씌어 있었음에도 불구하고 만화로서의 상상력이 잘 떠오르지 않았다. 직접 진 선생님을 만나 개인교습도 받아보고, 휴머니스트 편집부에서 요약정리본을 보내주는 등 물심양면으로 도와주었지만 그래도 만화화 작업은 순조롭지 못했다. 우연찮게 쉽게 풀어간 부분들도 있었으나 '디오니소스제' 같은 부분은 무려 두어 달 동안 막혀서 단 한 장도 그리지 못했으니……. 원작을 읽고 또 읽었지만 아이디어가 안 떠올라, 생각날 때까지 펜을 놓고 빈둥거렸다. 시간은 흐르고, 또 그러기를……. 결국 견디다 못한 편집부의 원고독촉이 시작됐고, 때론 맛난 것도 얻어먹으면서 갖은 회유와 협박이 시작되었다. 그러다가 모든 이가 지쳐갈 무렵, 작년에야 비로소 속도가 붙기 시작했다. 아이디어도 샘솟길래 이때다 싶어 꾸준히 그려 올 초에는 어설프나마 본문을 완성할 수 있었다. '비결이 뭔가요?' 묻는다면 선뜻 답하기 곤란하지만,
"마침 그때 제 생각이 다 익었거든요. 김치도 맛있게 먹으려면 익혀야 하잖아요~"

작업을 하는 도중에는 미학에 대한 만화가 그냥 교양만화로 끝나면 안 될 것 같은

생각도 들었다. 왜 내가 쭉쭉빵빵 아가씨들만 보면 침을 흘리는지, 한여름의 저녁노을이 왜 이리 설레는지 궁금증이 생겨났다. 그리하여 본문 외에 정보로 들어가는 '생활미학산책'이 탄생했다. 짬이 날 때마다 카메라만 달랑 메고 여기저기 돌아다니며 내가 살고 있는 동네와 그 골목길과 시장통을 사진으로 담았다. 때론 저 멀리 그리스의 아테네가 이역만리 대한민국의 촌동네에 버젓이 나타나는 게 신기하고 우습기도 하였다.

그럴 즈음 '나에게 미학은 단지 폼 재기 위해서 끼고 다니는 것만은 아니구나' 하는 깨달음도 들었다. 쭉쭉빵빵 언니와 근육질의 오빠들도 아름답지만, 하루 일을 마치고 들어서는 동네 상점가의 불빛도 아름답고, 배고프고 돈 없을 때 맞난 거 사주는 친구도 아름답다는 느낌이 든 것이다.

이번 작업을 마무리하며 나는 미학이란 아름다움을 볼 수 있는 여러 가지 눈에 대해서 가르쳐주는 학문이라고 자신 있게 말할 수 있게 되었다. 그리고 여러 눈에 대해 배웠다면 이제는 책을 덮고 내가 살고 있는 세상으로 눈을 돌리겠다고, 가짜와 진짜가 섞여 있는 이곳으로 말이다.

끝으로 《삼인삼색 미학 오디세이》 1권은 만화가의 탓으로 원작에 비해 생략되거나 빠진 부분들이 있어 10프로 정도 부족한 만화가 되었다. 아무쪼록 너그럽게 봐주시고, 이후 《삼인삼색 미학 오디세이》 2권과 3권, 더 나아가 원작도 펼치셔서 광활한 미학의 세계로 여행을 떠나보시길 부탁드린다.

2006년 6월 현태준

차례

삼인삼색 추천사 004
머리말 006
등장인물 010
에셔의 세계 012

1장 가짜와 진짜 - 원시 예술
빨개벗은 눈 016
심심풀이와 일 그리고 마술 024
피그말말려유 034

2장 가짜의 등장 - 고대 예술과 미학
게다리 춤의 전설 044
고귀하면서 단순하고 고요하면서 위대한 그리스의 예술 054
명랑한 아폴론과 미치광이 디오니소스 066

3장 가짜는 외로워 - 중세 예술과 미학
빛과 어둠 어디로 갈까나 078
아뉴스 데이? 090
돌탱이의 시대 098
굳쎄어라 토마스 108
장미의 이름 114

4장 돌아온 가짜 - 근대 예술과 미학
레오나르도와 미켈란젤로 128
뜨거운 바로크, 찬물 만났네 140

공부가 늘었어요 150
파리스의 취향 162

5장 이쁜이 가짜 - 아름다움에 관하여
언제, 어디서, 무엇이 예쁠까? 178

부록 돌고 도는 원시~근대 미학 오디세이 190
뚱땡이 아저씨의 뒤죽박죽 인터뷰 192

생활미학산책

관념으로 그림 그림, 빨개벗은 눈으로 그린 그림 023
새로운 형식의 미술 탄생 033
이 시대의 마법사와 요술반지 040
예술은 느끼는 것! 053
미의식은 변하는 거여! 065
가까이 있는 미학 창고, 미용실 075
대한민국 미학의 선구자, 아저씨 088
생활 속 알레고리 097
하늘나라의 빛, 세상의 빛 107
신은 자연 창조, 인간은 자연 모방… 113
배꼽과 장미 124
감정의 시대는 가고 추상의 시대가 오는가 138
아름다움의 상징, 비너스 148
건축에 나타난 퓨전 미학 161
미적 취향 공개 선언 174
대한민국 미학계, 대사건 발생 188

등장인물

❶ 플라톤(Platon, 기원전 429?~347)
고대 그리스의 철학자. 소크라테스의 제자로, 형이상학을 수립하였다. 저서에 《소크라테스의 변명》,《향연》,《국가론》등이 있다.

❷ 플로티노스(Plotinos, 204~270)
유럽 고대 말기를 대표하는 그리스의 철학자. 신플라톤파를 창시하였고,《엔네아데스(Enneades)》를 저술하였다.

❸ 아우구스티누스(Augustinus, 354~430)
초대 그리스도교 교회가 낳은 철학자이며 사상가이자 성인(聖人). 저서에 《고백록》,《신국》,《삼위일체론》등이 있다.

❹ 토마스 아퀴나스(Thomas Aquinas, 1225?~1274)
이탈리아의 신학자이자 철학자로, 스콜라 철학의 대표적 인물이다. 저서에 《신학대전》이 있다.

❺ 레오나르도 다 빈치(Leonardo da Vinci, 1452~1519)
이탈리아의 미술가, 과학자, 건축가. 음악에도 조예가 깊었고, 기술자이자 발명가였다. 〈최후의 만찬〉, 〈모나리자〉등 많은 걸작을 남겼다.

❻ 빙켈만(Johann J. Winckelman, 1717~1768)
독일의 미학자이자 미술사가. 고대 미술 연구의 선구자로, 《고대 미술사》를 저술하였다.

❼ 미켈란젤로(Michelangelo Buonaroti, 1475~1564)
이탈리아의 예술가. 조각, 회화, 건축의 여러 분야에서 뛰어나,
〈천지창조〉, 〈최후의 심판〉, 〈다윗〉 등 걸작을 많이 남겼다.

❽ 루벤스(Peter Paul Rubens, 1577~1640)
플랑드르의 화가. 바로크 예술을 대표한다. 대표작으로
〈마리 드 메디시스의 생애〉, 〈십자가에서 내려지는 예수〉
등이 있다.

❾ 푸생(Nicolas Poussin, 1594~1665)
프랑스의 화가. 대표작으로 《계단 위의 성가족》,
《아폴론과 다프네》 등이 있다.

❿ 바움가르텐(Alexander G. Baumgarten, 1714~1762)
독일의 철학자. 미학(美學)을 최초로 철학의 독립된
부분으로 나누었다. 주요 저서에 《윤리학》, 《미학》이 있다.

⓫ 칸트(Immanuel Kant, 1724~1804)
서유럽 근세철학의 전통을 집대성하고, 그 이후의 발전에
새로운 기초를 확립하였다. 저서에 《순수이성비판》,
《실천이성비판》 등이 있다.

에셔의 세계

〈뱀〉 에셔, 1969년

〈거울이 있는 정물〉에서, 1934년

〈만남〉에서, 1944년

〈볼록과 오목〉에서, 1955년

〈뫼비우스의 띠 Ⅱ(불개미)〉에서, 1963년

에셔(Maurits C. Escher, 1898~1972)

네덜란드의 판화가. 수학과 논리학의 난제를 다룬 독특한 작품세계로 유명하다. 그는 교묘한 수학적 계산에 따라 '여러 세계를 넘나듦', '불가능한 형태', '거울에 비친 상', '이율 배반' 등을 주제로 작품 활동을 했는데, 특히 '이상한 고리(뫼비우스의 띠)'는 그가 가장 좋아하는 주제였다. 미국의 인지과학자 더글러스 호프스태터(Douglas. Hofstadter)는 인간 지성의 한계를 다룬 《괴델, 에셔, 바흐》라는 책에서 에셔의 '이상한 고리' 괴델의 '불완전성의 정리', 바흐의 '무한히 상승하는 카논'을 함께 묶어 '영원한 황금실'이라 불렀다.

1장

원시 예술
가짜와 진짜

〈도마뱀〉에서, 석판, 1943년

꺄악! 그림 속의 도마뱀이 기어나왔다가 다시 들어가요~ 워메, 구시라! 저기 저 가짜와 진짜세상을 왔다리갔다 리하는 도마뱀처럼, 아주 오랜 옛날, 사람들은 두 세계를 자유로이 넘나들었대요. 이제부턴 그 시절의 이야기가 펼쳐집니다. 먼저, 원시 예술이 어떤 모습을 하고 있는지 살펴볼 건데요, 그러려면 깊숙한 동굴 속으로 들어가야 돼요. 이어서 우리는 예술이 어디에서 나왔을까?를 알아볼 거예요. 왜 원시인들은 깜깜한 동굴 속 깊은 곳에 그림을 남겼을까요? 여기서 가짜세상과 진짜세상을 맘대로 넘나들던 어린 인류의 순진한 모습과 함께 원시 예술의 비밀이 드러나지요. 그 시절에 예술은 곧 수리수리마수리~ 마술이었대요. 그런데 그 후 사람들이 똑똑해지면서 가짜와 진짜를 구분하게 되었어요. 그러자 마술의 시대는 감쪽같이 사라졌지 뭐예요! 음냐……, 이제 어쩐다냐~! 예술은, 예술은 무엇이 되어야 할까나…….

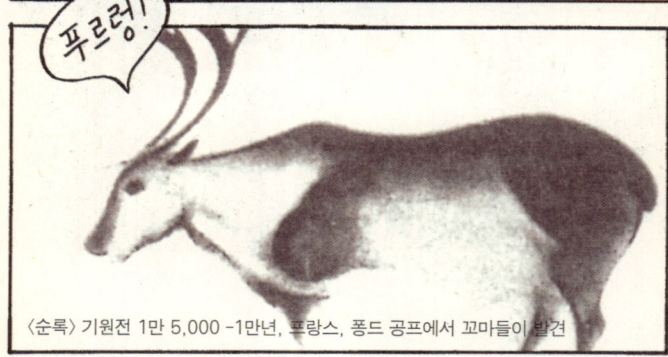

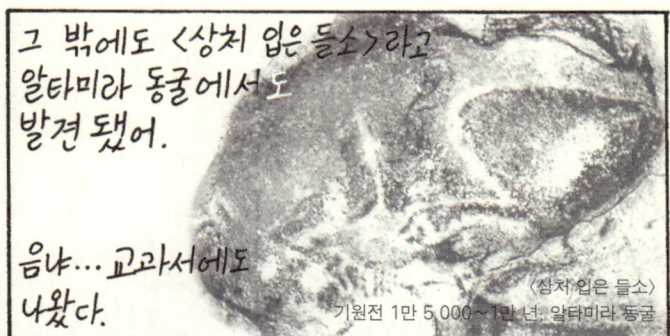

〈상처 입은 들소〉
기원전 1만 5,000~1만 년, 알타미라 동굴

★ 곰브리치(Ernst H. J. Gombrich, 1909~2001) : 영국의 미술사가. 《서양미술사》를 저술함.

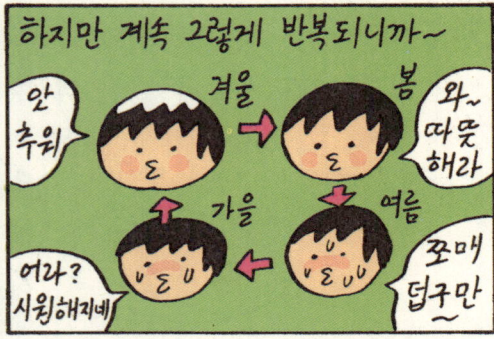

그러다보니 그림 그리는 것도 변해버렸고

〈캥거루에 창을 던지는 주술사〉 북부 오스트레일리아 서(西)아른헴랜드에서 나온 원주민의 그림, 1900년경

 생활미학산책

관념으로 그린 그림, 빨개벗은 눈으로 그린 그림

오른쪽은 대부분 어린이들의 생활과는 아무 관련 없는 전통문화에 관한 그림으로, 머리로 생각한 관념으로 꽉 차 있다. 원시인들은 그래도 사냥에 도움이 되는 관념화를 그렸지만, 오늘 우리의 아이들이 그린 저 그림은 도대체 생활에 어떤 도움이 될까.

세계 어린이 미술대회에 참가한 우리나라 어린이들이 그린 그림들

세계 어린이 미술대회에서 외국의 어린이들이 그린 그림들

대부분 친구들과 재미나게 놀았던 장면들로 가득 차 있다. 비록 전통문화처럼 거창한 소재를 다루지 않았지만, 자신들의 생활을 있는 그대로 빨개벗은 눈으로 표현한 솔직한 그림이다.

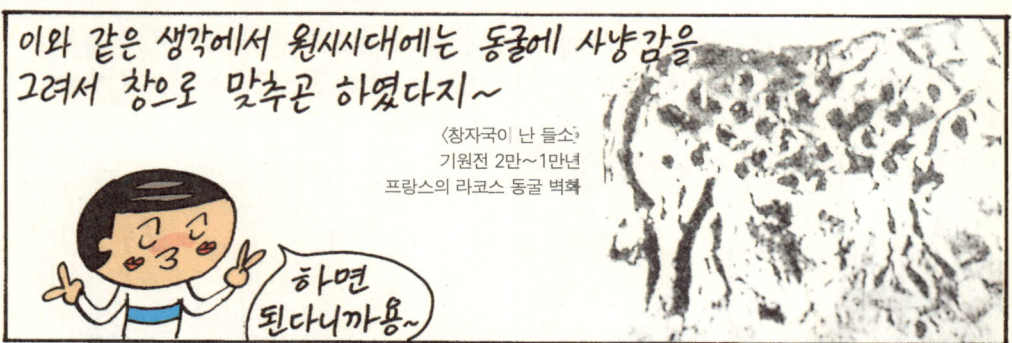

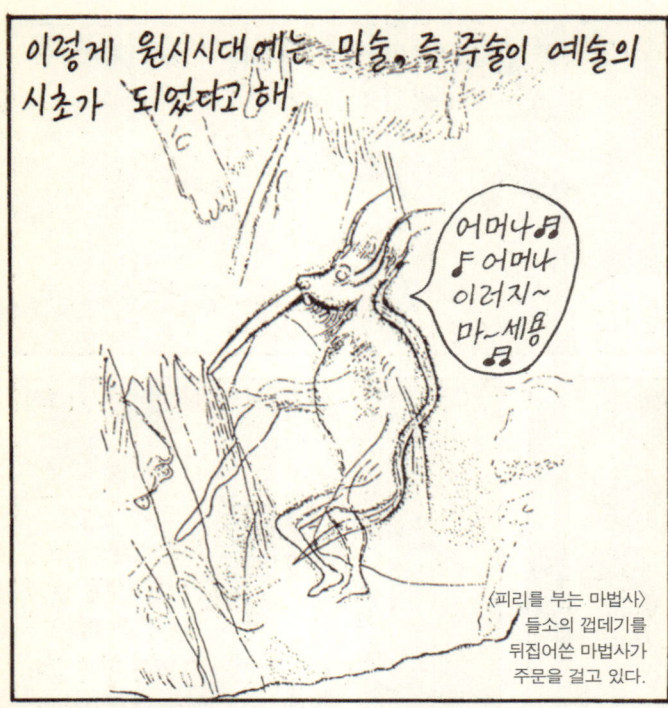

새로운 형식의 미술 탄생

정치, 사회적으로 암울했던 80년대 우리나라 미술계는 민중미술의 시대였다. 땀흘리는 노동을 통해서만 진정한 예술에 이를 수 있다는 '노동기원설'을 바탕에 깔고 여기저기서 '걸개그림'이라든지 '깃발그림' 등, 새로운 형식의 미술이 탄생했다. 아래는 당시 민중미술편집회에서 만든 《민중미술》(공동체, 1985년, 값 4500원)이다. 책의 뒤표지에는 다음과 같이 적혀 있다.

미술은 세상을 멋있게 만드는 일!

"미술은 일이다. 세상을 멋있게 그리거나 만드는 솜씨이다. 손과 몸으로 솜씨를 발휘하는 노동이다. 누구는 미술을 유희충동, 자연의 모방, 물질의 재현, 관념의 표출, 정신노동으로 보지만, 일면만 보는 견해이다. 일이되 해방을 갈구하는 솜씨로 '멋진 세상'을 꾸리려는 미술이 민중미술이다."

〈피그말리온과 갈라테아〉 장 레옹 제롬, 1890년

피그만 말려유

아우우~ 부러워 죽갔네. 나도 영숙이를 만들 테야...

옛날 옛적에 어떤 조각가가 너무나 아리따운 조각상을 만들었대~

얼마나 예뻤던지 자기가 만든 조각상에 뿅 간 거야.

아흐흥~

그이는 맨날 맨날 조각상을 바라 보며 사랑에 빠져 부렀어.

알라뷰

〈이카루스의 추락〉 카를로 사라체니

생활미학산책

이 시대의 마법사와 요술반지

이카루스의 추락 이후로 마법의 세계가 사라진 지금 이 순간에도 아시아의 어느 동네에는 아직도 마법사들이 마법을 부리며 살고 있습니다요~ 이분들은 주로 계룡산 등지에서 '도'를 닦거나 '신'이 내리신 분들인데, 주로 먹고 살기 어렵거나 민심이 흉흉할 때 많은 아줌마들이 찾는다고 합니다.

마법의 세계는 살아있다!

동화책 《요술 반지》

진짜와 가짜의 구별이 없었던 마술의 시대를 그린 J. R. R. 톨킨의 대표작 〈반지의 제왕〉이 70년대에 이미 우리나라에 소개되었다는 사실! 짜짠~ 보시라, 이름하여 '요~술~반~지!' 1979년에 한진출판사에서 나온 정가 2000원의 초호화 원색동화책입니다.

2장

고대 예술과 미학

가짜의 등장

〈유리병이 있는 정물〉에서, 석판, 1934년

저기 위에 보이는 페르시아풍 새 조각은 에셔 아저씨가 장인에게서 선물로 받은 거래요. 한쪽에는 사람 머리를 한 새의 조각이, 다른 쪽에는 유리병 속에 반사된 장면이 있는 묘상한 그림인데, 저기서 진짜세상과 가짜세상은 서로 떨어져 있어요. 우리 사람들이 살아가면서 저렇게 진짜와 가짜세상이 떨어져 있으면, 드디어 문명이란 것이 시작된대요. 이제 우리는 인류 최초의 문명세계와 만나게 될 거예요. 먼저 이집트 예술에 대해 알아보고, 다음엔 그리스 예술의 특징에 대해 알아보자구요. 그러다 보면 원시 예술에서 보았던 두 가지 양식(자연주의와 추상주의)이 서로 으르렁거렸던 것처럼 다시 한 번 나타나 독자여러분의 해골을 어지럽혀 놓을 거예요. 그리고 이어서 세계 최초의 미학자들이 등장하는데, 바로 플라톤과 아리스토텔레스예요. 예술은 처음부터 '이쁜이표 가짜'로 태어났대요. 그런데 이 두 아저씨는 '가짜'에 대한 생각이 서로 달랐다지요.

2장 가짜의 등장 | 045

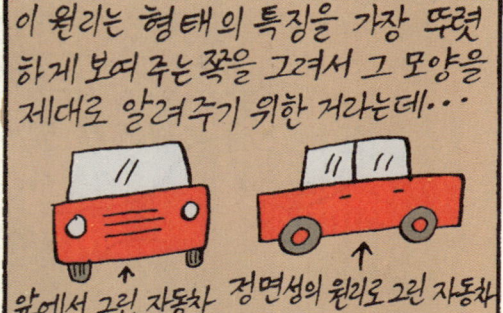

〈이집트 신왕국의 벽화〉 기원전 1400년(제18왕조)

2장 가짜의 등장 | 049

〈라호테프와 노프레트〉 기원전 2600년(제4왕조)

예술은 느끼는 것!

미켈란젤로가 그랬듯이 예술에 있어서 '느낌'은 참 중요하지롱. 고로 느낀다는 것은 예술을 하는 건지도 몰라. 아무리 맛난 음식과 이쁜이가 많이 있어도 요 '느낌'이 없다면 왠지 허전하잖어. 감정이 요동치는 부르르르~~ 느낌!! 점점 삭막해져가는 현대생활에서 느낌은 중요할 것 같지 않어? 그리하여 우리들도 슬슬 느낌을 찾기 시작했나 봐~ 한잔술을 마실 때도 느낄 수 있다는 예술적 가게 '느낌'이었습니다요.

'느낌'에 살고,
'느낌'에 죽고……!

★ 제욱시스(Zeuxis, 기원전 5세기 말~4세기 초)
★ 파라시오스(Parasios, 기원전 420?~380?)

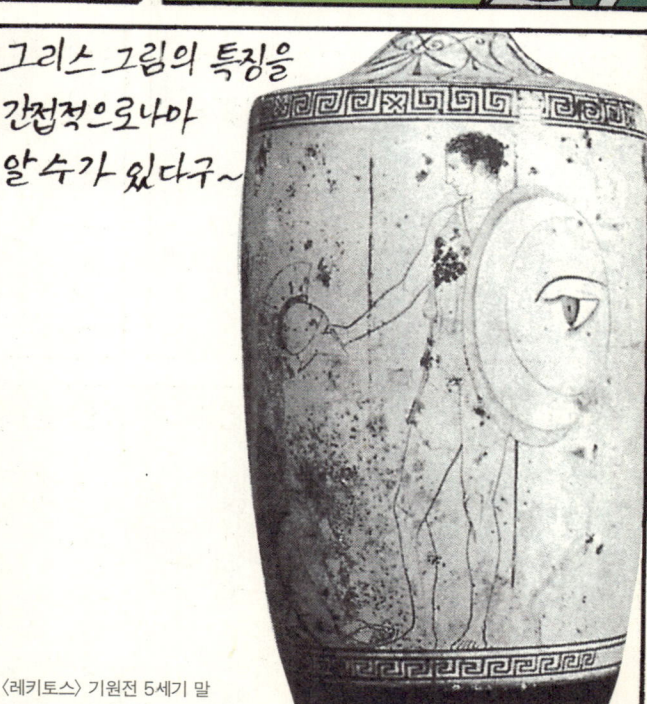

〈레키토스〉 기원전 5세기 말

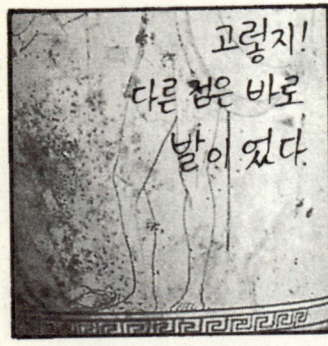

지금은 사라졌지만 그가 만든 〈아테나상〉은 사람키의 몇곱절이 될 만큼 엄청나게 커부러 10m가 넘었대.

〈아테나상〉
(로마 시대 모작) 기원전 5세기

아테나상의 상상도

★ 페이디아스(Pheidias, 기원전 490~437?)

2장 가짜의 등장 | 057

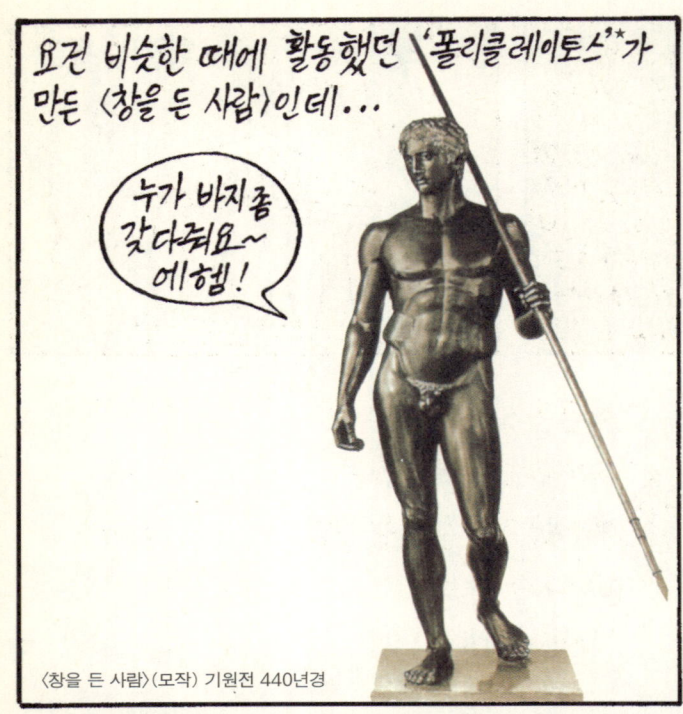

〈창을 든 사람〉(모작) 기원전 440년경

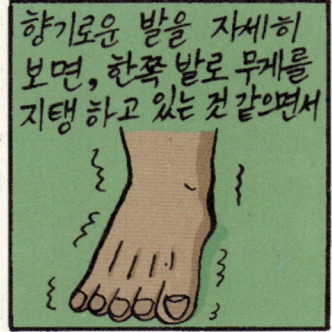

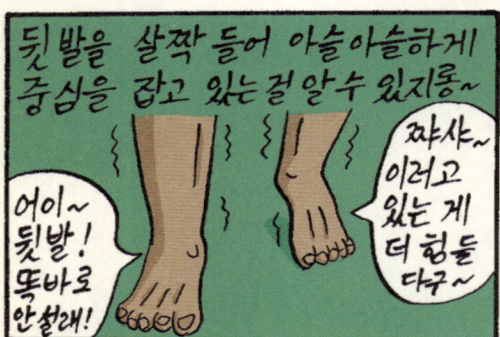

★ 폴리클레이토스(Polykleitos, 기원전 460~423?) : 고대 그리스 고전 전기(기원전 5세기)를 대표하는 조각의 거장.

2장 가짜의 등장 | 059

<헤르메스> 프락시텔레스, 기원전 340년

★ 프락시텔레스(Praxiteles, 기원전 390?~330?) : 대표작에 <크니도스의 아프로디테>가 있음.

★ 요한 빙켈만(Johann J. Winckelmann, 1717~1768) : 고대 미술 연구의 선구자. 저서에 《고대 미술사》 등이 있음.

생활미학산책

미의식은 변하는 거여!

오른쪽의 한복 입은 마네킹은 폴리클레이토스가 완성한 8등신의 인체비례에 따라 만든
거래요. 와~ 정말 우리는 폴 아저씨의 인체비례를 참 좋아하는구나! 정, 정말 아름다워요!
아이 부러워라! 나도 팔등신미녀가 되고파~ 아흐흑! 그, 그런게 어무니, 아부지 왜!
왜! 날 이렇게 낳아주셨나용! 내 얼굴은 왕떡판에 짧은 다리, 긴 허리~
5등신이잖아용! 누가 날 좀 잡아 땡겨줘!!!

팔등신이 부러운가?

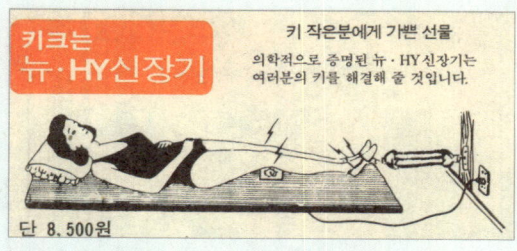

'키 크는 뉴·HY신장기'의 잡지 광고

1980년대 주간지에 실렸던 광고인데, 이 광고를 보면 좀 서글픈 기분이 든다. 우리의 미의식이 자꾸만
남의 미의식을 따를 때 거기서 발생하는 '몸따로 마음따로 현상'은 정말로 자신을 부끄럽고 초라하게
만들고 열등감에 싸이게 한다. 아름다움을 바라보는 눈이 시대에 따라 끊임없이 변화하고 새롭게
탄생되어 온 것처럼, 우리의 언니오빠들도 어제의 선글라스를 벗어던지고 두 눈을 비빈 다음,
다시금 세상을 바라보면 어떨까?

★ 아폴론(Apollon): 태양의 신. 균형, 조화, 절제, 질서, 야성, 지식, 평온함을 나타냄.
★ 디오니소스(Dionysos): 술의 신. 도취, 극단성, 무질서, 본능, 광란, 환상, 열광을 나타냄.

★ 플라똥 → 플라톤(Platon, 기원전 429?~347) : 고대 그리스의 철학자. 형이상학을 수립함.
저서에 《소크라테스의 변명》, 《국가론》 등이 있음.

2장 가짜의 등장 | 067

★ '시를 쓰는 법' → 《시학(詩學, poetica)》: 아리스토텔레스가 지은 책. 비극과 서사시에 관하여 논한 〈비극론〉만 남아 있음.
★ 아리스트털났어 → 아리스토텔레스(Aristoteles, 기원전 384~322): 고대 그리스의 철학자. 고대에 최대의 학문적 체계를 세움.

★ 뿌리드리아는체 → 프리드리히 니체(Friedrich W. Nietzsche, 1844~1900): 독일의 철학자·시인. 실존 철학의 선구자.

2장 가짜의 등장

 생활미학산책

가까이 있는 미학 창고, 미용실

1980년대에 내가 멋쟁이 총각이었을 때, 당시만 해도 미용실 가는 총각들은 꽤 드물었지만 나는 단골미용실을 만들 정도로 '미'에 관심이 많았다. 외국잡지에서 오린 서양모델의 사진을 가져가서 '이렇게 똑같이 깎아줘용' 하며 졸랐다. 그 시절, 미용실언니들이 나의 남작한 뒤통수와 커다란 얼굴을 가지고 꽤나 고생했을 것을 생각하니 고마운 마음이 절로 난다(몇 년 전 이대 앞의 유명미용실에 갔을 때, 헤어디자이너 오빠가 나에게 '손님은 머리가 남작해서 깎기가 힘들다고요!' 하는 바람에 이 사실을 알게 되었다. 아무튼 그 후 이발소만 가게 되었습죠).

동네의 미용실들

이제는 무조건 이뻐서는 이쁜 게 아닌 시대가 오고야 말했다. 모름지기 이쁘기도 해야겠지만 뭐니뭐니해도 '꺼리'가 나야 되는 이여! 뭐랄까 뭔가가 있어 보여야 한단 말이지. 지적이며, 품위가 있고, 세련되어 보이고…… 기타 등등. 이렇게 우리들도 '미'에 대한 생각이 바뀌기 시작했다우. 옛날처럼 돈으로 쳐발라서 뜯어고친다고 이뻐지는 세상이 아닌 것이여.

3장

중세 예술과 미학
가짜는 외로워

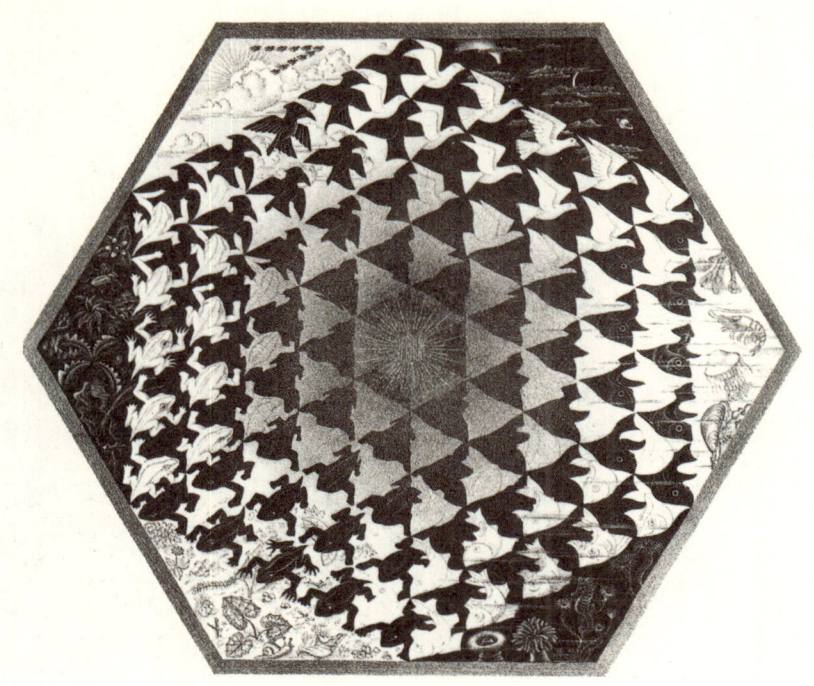

〈말씀〉에서, 석판, 1942년

"태초에 말씀이 계시니라." 〈요한복음〉의 첫 구절을 번역하던 파우스트는 '말씀'이라는 단어를 뭐라고 해야 할지 찾을 수가 없었대요. 고민과 고민 끝에 비로소 "태초에 행동을 개시했다."라고 옮기고 나서 뿌듯해했답니다. 자, 그림을 한번 보아주세용. 그림에서 가운데 밝은 빛이 바로 '말씀', 즉 천지창조의 원리래요. 성 아우구스티누스는 '말씀'이라는 어려운 단어와 그리스 철학에서 말하는 '로고스*'에서 비스므레한 점을 찾아내 기독교로 개종한 최초의 중세인이었어요. 이제부턴 중세의 미학을 소개하는데요, 먼저 플로티노스가 등장하죠. 그는 옛날에 살았고 옛날사람이길 바랐으나 오히려 중세에 아주 큰 영향을 끼쳤기 때문이지요. 곧 아우구스티누스는 플로티노스의 미학을 그대로 베끼는데요, 이렇게 기독교적으로 풀이된 플라톤주의가 몇백 년 동안 중세 미학의 뼈다귀가 됩니다. 그 후 중세가 사라질 무렵 아리스토텔레스를 즐겨 읽었던 토마스 아퀴나스가 등장해 중세 초기의 미학보다 훨씬 더 경험이 풍부한 자신의 미학에 대해 얘기한답니다. 중세 예술의 특징은 눈, 코, 입으로 느끼는 현실의 '가짜'를 보내버리고 아득한 저 멀리 하느님의 세계를 드러내는 데 있었어요. 자 이 서 아저씨의 생각과 비잔틴, 로마네스크, 고딕의 관계에 대해 초점을 맞추시구요, 또 중세판 플라톤과 아리스토텔레스의 대결에도, 〈말씀〉에서 흘러나오는 '빛'도 꼭 기억하시와용~

★ 로고스(logos) : 보편적인 법칙과 준칙을 인식하고 이를 따르는 분별과 이성. 파토스와 대립되는 개념.
본래는 고전 그리스어로 '말하다'를 뜻하는 동사 'legein'의 명사형이며 '말한 것'을 뜻함.

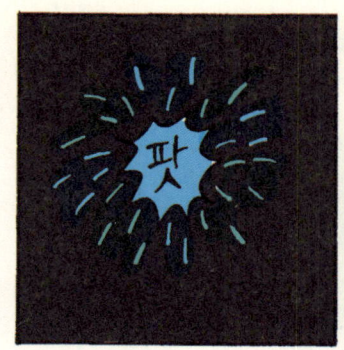

★ 일자(一者): 이 세상의 모든 것이 여기에서 나오며, 여기로 돌아간다고 한 것. 즉, 절대자의 이름임.
그리스의 철학자 플로티노스(plotinos)가 사용한 말임.

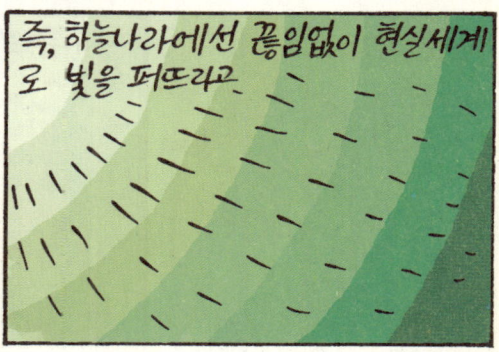

★ 플로티노스(Plotinos, 205~269?) : 유럽 고대 말기를 대표하는 그리스의 철학자. 신플라톤파를 창시함. 저서에 《엔네아데스(Enneades)》가 있음.

산타폴리나레 인 클라세 교회 내부 533~549년

생활미학산책

대한민국 미학의 선구자, 아저씨

사실 아저씨들이야말로
대한민국 미학의 선구자라고 할 수 있답니다.
언제 어디서나 아저씨들은 아름다움을
추구한다고요. 낮에는 품위를 지키는
우리의 아저씨들은 밤이 되면
우오오오~ 한 마리 외로운 늑대가 되어
술병을 옆에 끼고 미인사냥에 나서지요.

아저씨를 유혹하는 거리의 '미인'들!

주변에서 흔히 보게 되는 '아테네'라는 이름

신들의 도시인 아테네가 여관으로 둔갑! 무슨 이유가 있는 것일까? 여관방의 주인이 그리스의 부활한 '쿵더쿵' 신이란 말인가? 아님 그냥 이름이 멋져부러서? 왠지 품위가 있을 것 같아서? 아무튼 간에 우리 아저씨, 아줌마들은 그리스신화를 참으로 좋아하는 게야! 아줌씨들, 오늘도 아테네로 들어가 쿵더쿵 방아를 찧어봐요~ 오예!

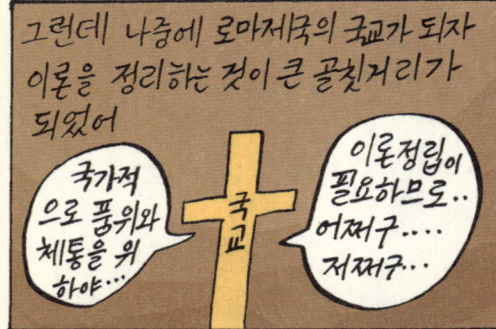

★ 아우구스티누스(Augustinus, 354~430) : 크리스트 교회의 고대 교부 중의 최대 인물. 《신국》, 《삼위일체론》 등을 저술함.

생활미학산책

생활 속 알레고리

'알레고리'란 뭔가를 그리기 어렵거나 표현하기 좀 거시기한 것을 다른 걸로 대신하는 거라면, 우리들이 많이 사용하는 알레고리 중의 하나는 아마 '성기의 표현'일 것이다. 겉으로는 금기시하지만 속으론 대부분 엄청 좋아하고 있습죠. 그리하야 그것은 때에 따라서 '가위'나 '고추', '오이', '가지', '바나나' 등등으로 알레고리화되어 우리 주변에 등장한다고.

'바나나'로 알레고리화된 것은? 바로 그것!

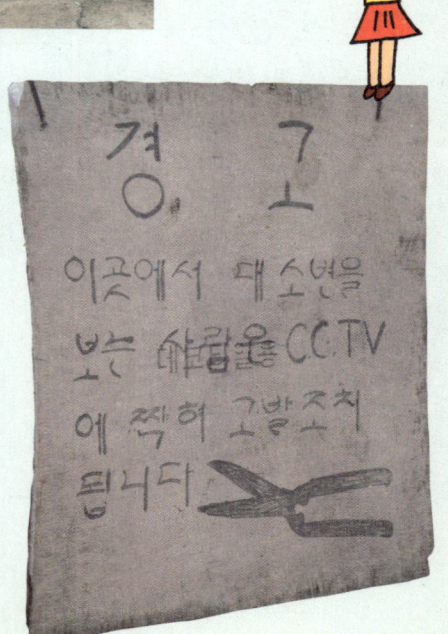

동대문시장 근처의 어느 벽에 붙은 경고판 속의 가위

★ 막스 드보르자크(Max Dvořák, 1874~1921)

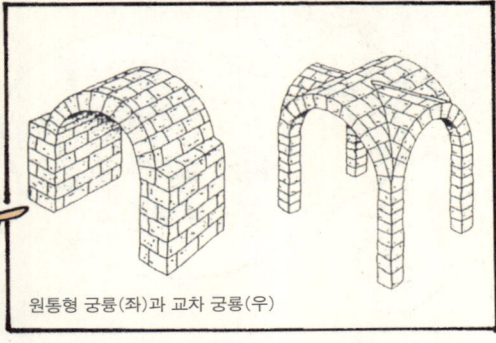

원통형 궁륭(좌)과 교차 궁륭(우)

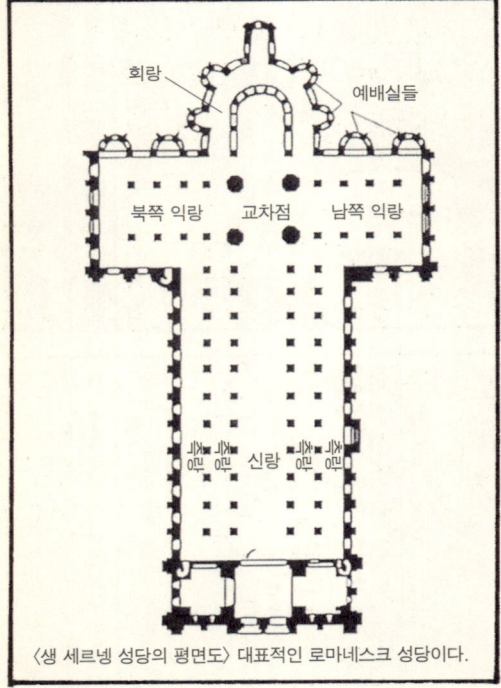

〈생 세르넹 성당의 평면도〉 대표적인 로마네스크 성당이다.

사르트르 성당의 신랑

〈모세의 우물〉 슬뤼테르, 샹몰 수도원, 디종, 1395~1406년

★ 토마스 아퀴나스(Thmas Aquinas, 1225?~1274) : 이탈리아의 신학자이자 철학자. 스콜라 철학의 대표적 인물. 《신학 대전》을 저술함.

생활미학산책

하늘나라의 빛, 세상의 빛

고딕 건축에 쓰였던 화려한 스테인드 글라스가 우리의 화장실 건축에도 등장! 환상적인 빛이 비추는 아름다운 화장실. 우리 모두 쉬야를 하며 하늘나라의 빛을 느껴보자.

"오늘도 나는야 한잔술에
헤롱거리며, 네온사인의
아름다움에 취해
거리를 방황한다네~!"

스테인드글라스의 빛이 보는 이들에게 마치 하늘나라의 이상향을 보여줬다면, 신도시 거대 상가 건물의 휘황찬란한 네온은 우리가 추구하는 자본주의 세상의 이상향을 보여주는 것 같다.

★ 아놀드 하우저(Arnold Hauser, 1892~1978) : 문학학자로서 《문학과 예술의 사회사》를 저술함.

신은 자연 창조, 인간은 자연 모방…

신은 자연을 창조하고, 인간은 자연 속에서 신의 숨결을 느낀다. 그리고 우리들은 나무 그늘 아래……. 할머니는 사색에 빠지시고, 어머니는 코~ 자고, 아이들은 한가히 거니는, 아아, 참으로 아름다운 풍경.

'아리아스'는 미술대학에 가기 위해서 열나게 그려야 했던 석고상이다. 그런데 우리나라와는 달리, 다른 나라에서는 석고데생이라는 시험은 없다고 한다. 그 이유는 '미술에 대한 생각'이 달라서라고! 그러니까 우리는 석고상을 보고 똑같이 그리면 잘 그린 그림이라고 하지만, 딴 나라에서는 개개인의 개성과 창의력이 드러나게 그려야 잘 그린다고 생각하기 때문.
미학적으로 다시 말한다면 신은 자연(인간)을 창조하고, 인간은 그 자연을 모방하고(조각상을 만들고), 우리는 다시 그 조각상을 열나게 따라 그리고……. 도대체 대한민국은 어느 시대에 와 있는 거냐고!

동네의 시장통에 붙어 있던, 누군가 그린 '아리아스' 조각상의 데생작품

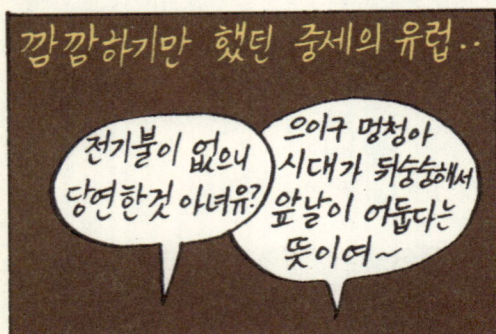

★ 〈희극론〉: 아리스토텔레스의 《시학》 중에서 사라진 제2부 〈희극론〉을 말함.

〈세속적 쾌락의 정원〉(부분) 히에로니무스 보슈(Hieronymus Bosch, 1450?~1516)

생활미학산책

배꼽과 장미

중세의 어두운 수도원에 꽂혀 있었더라면 역시 태워버렸을 한국판 깔깔론 몇 권을 소개한다.
《배꼽에 반창고를 붙여라》(김갑 저, 1971년 인창출판사 발행, 정가50원)와 《웃으면 복이 와요》
(김인철 저, 1979년 삼문사 발행, 정가 700원), 그리고 《폭소대행진》(황학송 편저, 1988년 경화사
발행, 정가2000원).
《배꼽에 반창고를 붙여라》의 표지에 웃느라 배꼽이 찢어진 양반이 갓을 쓰고 앉아 있는
모습이 예사롭지 않다. 본문 중의 내용 하나를 원문 그대로 읽어보자.

제목 : 소변 금지 구역
내용 : 공무원이 출장중에 나룻배를 타게 됐다.
강의 중간에서 뱃전에 손을 놓고 마즌편 미니스커트 속의
사연을 감상하고 있을때 저편에서 오는 배와 마주치는
바람에 손가락이 으르러졌다. 집에 돌아와서 이 이야기를
아버에게 했더니 아버가 퍼렇게 질리면서 "거-기 큰일
날뻔 하셨네요. 그래도 손가락이 다치기 다행이지 뭐에
요, 다음부터는 뱃전에서 소변은 절대 금하세요."

〈희극론〉을 둘러싼 중세 미스테리,
〈장미의 이름〉!

동네 비디오 폐업 가게에서 귀한 거라며 5000원 주고 구한 비디오 테이프이다. 내가 청년시절에 본 영화인데, 중간에 야한 장면이 나와서 살짝쿵 부끄러웠던 기억이 난다. 그 당시 볼 때의 느낌은 무섭다, 흥미진진하다, 끌린다(?) 정도였는데 지금《미학 오디세이》를 읽고 다시 보니 아리스토텔레스의 〈희극론〉을 둘러싸고 벌어지는 중세시대의 엄숙한 분위기가 팍팍 전해져 오는 것이 훨씬 더 재미난다. 물론 거시기한 장면에서 감회가 새롭기도……. 껍데기의 카피가 눈길을 끈다. 문구 왈,

> "원인 없는 살인이 계속되는 수도원의 밤!
> 겹겹으로 둘러싸인 중세 미스테리와 살인,
> 광란의 종교재판 그 탐욕의 뒷모습."

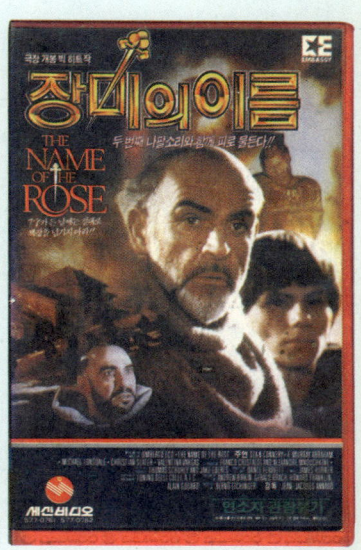

〈장미의 이름〉 비디오 테입
숀 코네리 주연, 장 쟈끄 아노 감독, 1987년 제작

4장

근대 예술과 미학

돌아온 가짜

〈유리구슬을 든 손〉에서, 석판, 1935년

유리구슬 안에 또 하나의 세상이 있지롱. 바로 '가짜'의 세상! 중세의 예술은 직접 느낄 수 있는 현실세상의 '가짜'를 떠나보냈지만, 새로운 시대는 집 나간 '가짜'가 돌아오면서 시작됩니다요. 이제부턴 르네상스 이후 근대 미학이 등장하는데요, 제일 먼저 다 빈치와 미켈란젤로 두 아저씨의 이야기부터 나온답니다. 다 빈치는 자연을 정확하게 베끼라고 주장했고요, 미켈란젤로는 돌덩이 안에 숨어있는 내면의 모양을 창조하는 걸 주장하였어요. 이어서 공식미학 창시자인 바움가르텐과 칸트의 미학으로 건너가려고 하는데요, 아따따따~ 넘어질랑 말랑~! 여러분은 어느 쪽으로 넘어지겠어요? 바움가르텐의 예술관은 구닥다리(고전주의)식이고, 칸트의 미학은 멋져버린 낭만주의식이라는데…….

★ 레오나르도 다 빈치(Leonardo da Vinci, 1452~1519) : 이탈리아의 미술가·과학자·건축가로, 르네상스의 예술을 대표함. 회화, 조각, 음악 등에 조예가 깊어 많은 걸작을 남김.

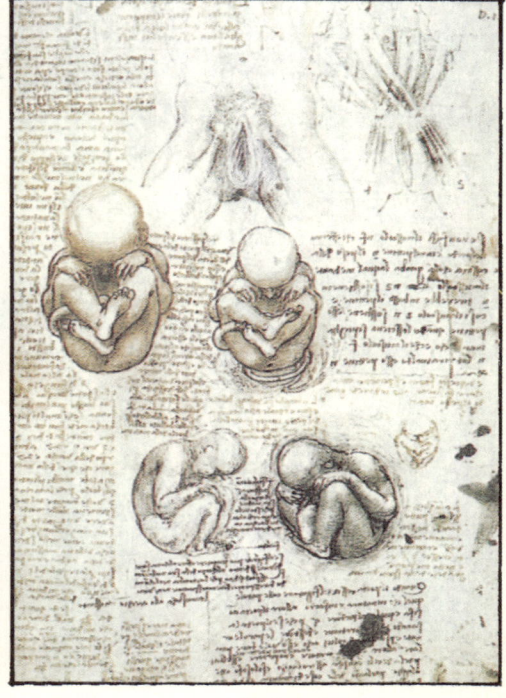

〈자궁 속의 태아〉 레오나르도 다 빈치

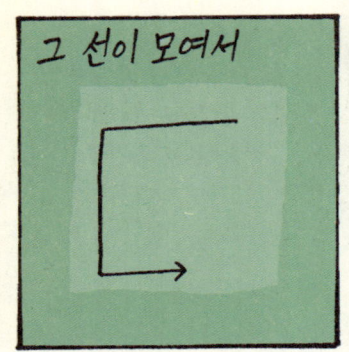

★ 미켈란젤로(Michelangelo Buonaroti, 1475~1564) : 이탈리아의 예술가로, 르네상스의 예술을 대표함. 조각, 회화, 건축의 여러 분야에서 뛰어나 많은 걸작을 남김.

레오나르도 다 빈치가 설계한 날틀 모형

〈최후의 심판〉(부분)
미켈란젤로, 1534~1541년

〈죽어 가는 노예〉
미켈란젤로, 1513~1516년

〈반항하는 노예〉
미켈란젤로, 1513~1516년

로마 바티칸 궁전의 시스티나 성당 내부

〈팔레스트리나의 피에타〉 미켈란젤로, 1555~1557년

생활미학산책

감정의 시대는 가고 추상의 시대가 오는가

어렸을 때는 참 감정이 풍부했지~.
저기 저 바다만큼 퍼도 퍼도 넘쳤었다고……

그런데 나이 먹어갈수록 비가 오나 눈이 와도 아무런 감정이 안 느껴지잖아.

와~ 그럼 나는 이집트인들처럼 추상충동이 발달한 게로군! 삶과 죽음을 넘어선 영원불멸의 세계와 모든 길은 돈으로 통한다는 아저씨의 세계. 오늘도 불안한 아저씨들은 사막의 한가운데에서도 애타게 돈을 찾으며 꿋꿋하게 살아간다네.

바로 그때
네로가 보았던 것은
바로크시대의 거장
루벤스*의 그림이었지

〈십자가에서 내려지는 예수〉 루벤스, 1611~1614년

★ 루벤스(Peter Paul Rubens, 1577~1640) : 역사화와 종교화를 많이 그렸으며, 감각적이고 관능적이며 밝게 타오르는 듯한 색채와 웅대한 구도가 어울려 생기가 넘치는 것이 특징임.

〈십자가를 세움〉 루벤스, 1610년경

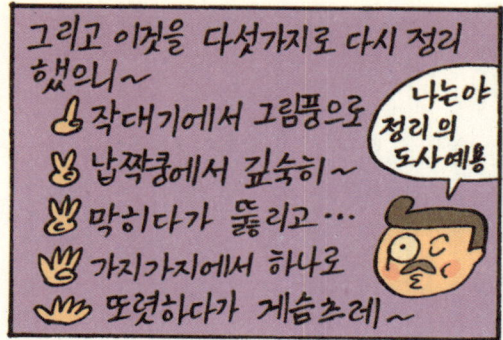

〈봄〉(부분) 보티첼리, 1476년경

〈삼미신(三美神)〉 루벤스, 1639~1640년

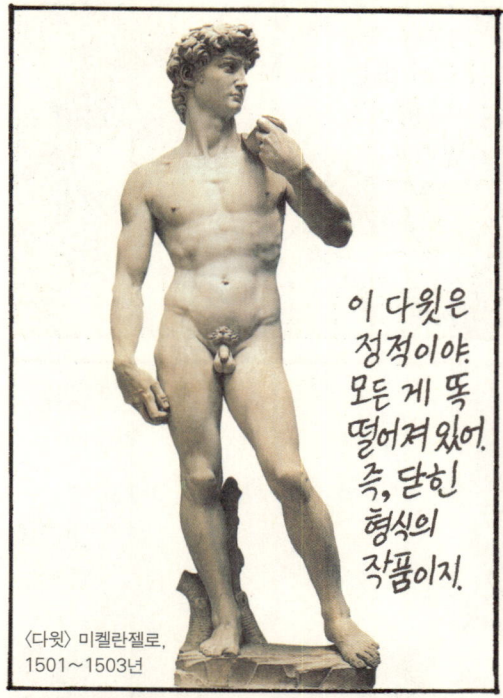

〈다윗〉 미켈란젤로, 1501~1503년

〈다윗〉 지안 로렌초 베르니니, 1623년

★ 푸생(Nicolas Poussin, 1594~1665) : 프랑스 근대 회화의 시조. 신화·고대사·성서 등에서 제재를 골라 로마와 상상의 고대 풍경 속에 균형과 비례가 정확한 고전적 인물을 등장시킨 작품을 그림.

〈계단 위의 성 가족〉 니콜라 푸생, 1648년

생활미학산책

아름다움의 상징, 비너스

나에게 처음 다가온 '비너스'라는 단어는 초등학교 6학년 때쯤 여성잡지의 브라쟈 광고에서였다. 당시 그리스신화를 몰랐던 나는 비너스가 그저 브라자 이름인 줄 알았더랬다. 그 후 중학생이 되자 나에게 비너스는 사춘기의 외로움을 달래주는 아름다움의 상징이었다. 지금도 '비너스'라고 하면 별이 빛나는 밤에 방문을 잠그고 몰래…… 몰래…… 비너스 브라쟈 광고를 보며 '손양'하고 놀던 시절이 떠오른다. 아래의 광고는 1980년도 여성지에 나온 것인데 비너스 광고의 최고봉이랄까나~ 참한 여인네가 스스로 브라쟈를 여는 모습이 어찌나 침을 꿀꺽 삼키게 하던지……. 내가 제일 좋아했던 모델의 광고사진이다.

1980년대 여성 잡지에 실린 브래지어 광고

21세기 비너스의 둥지들!

그리스의 비너스 여신이 21세기 코리아의 변두리 노래방에서 부활하다!
오늘도 헬렐레 아저씨들은 비너스를 좇아간다네.
부어라! 마셔라! 비너스와 함께 노래를 불러라! 아싸~

노래방(단란주점)의 비너스 간판

★ 밤카텐 → 알렉산더 바움카르텐(Alexander G.Baumgarten, 1714~1762년) : 미학을 최초로 철학의 독립된 부분으로 나눈 철학자.《미학》,《윤리학》등을 저술함.

★ 대갈통 → 데카르트(René Descartes, 1596~1650) : 프랑스의 수학자, 철학자. 저서에 《방법서설》, 《성찰록》 등이 있음.

★ 칸트리나 → 칸트(Immanuel Kant, 1724~1804) : 독일의 철학자. 《순수 이성 비판》, 《실천 이성 비판》 등을 저술함.

 생활미학산책

건축에 나타난 퓨전 미학

우리나라 대도시 도처에서 발견되는 그리스, 르네상스, 중세풍(?)의 건물들. 예식장부터 찜질방, 까페, 어린이집, 아파트에 이르기까지 톡톡 튀어버리는 퓨전중세풍이라고 할까나. 주변과 전혀 어울리지 않는 이 건물들은 아무튼 뭔가 매우 특이하므로 멋있다 혹은 품위가 넘쳐난다고 좋아하시는 분들이 많으신듯. 그래! 그렇게 막 나가는 거야! 온갖 세계의 모든 것들을 다 가져와서 고추장 발라 비비고 된장 넣고 섞어서 마구마구 휘저어 보자구!

퓨전 미학을 보여주는 건물들

★ 헤라(Hera) : 최고의 여신. 제우스의 아내이며, 결혼·출산·가정 생활의 수호신임.
★ 아테나(Athena) : 제우스의 딸. 아테네시의 수호신. 지혜·전쟁·공예를 관장함. 미네르바
★ 아프로디테(Aphrodite) : 미(美)와 사랑의 여신. 바다의 거품에서 태어남. 비너스.

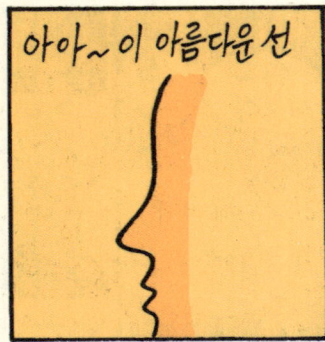

〈연대의 끈〉에서, 1956년

〈영감〉 장 오노레 프라고나르, 1769년

생활미학산책

미적 취향 공개 선언

'나는 야한 여자가 좋다'고 선언해버린, 우리의 미인관을 그야말로 뒤집어버린 획기적인 마광수 선생의 책. 이 책이 나온 지금으로부터 17년 전인 1989년만 하더라도 '나는 착한 여자가 좋다'라든가 '나는 얌전한 여자가 좋다'는 통할 수 있어도, 야하다는 것은 뒷구멍에서만 몰래 좋아해야 하는 것이었다. 그런데 마 선생이 이렇게 대놓고 만천하에 외쳐버리자 아줌씨들은 '뜨끔!' 하고, 나 같은 처녀총각들은 '오모나! 그런 거였구나!' 하며 열심히 읽었던 기억이 난다. 마 선생 같은 분 덕택에 지금의 우리는 조금이나마 솔직한 미인관을 가지게 되지 않았을까 하고 감사해본다.

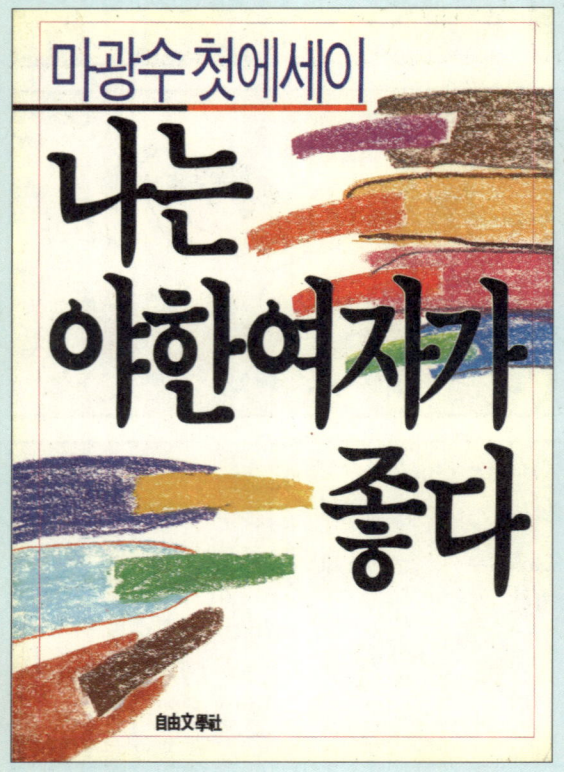

마광수, 《나는 야한 여자가 좋다》

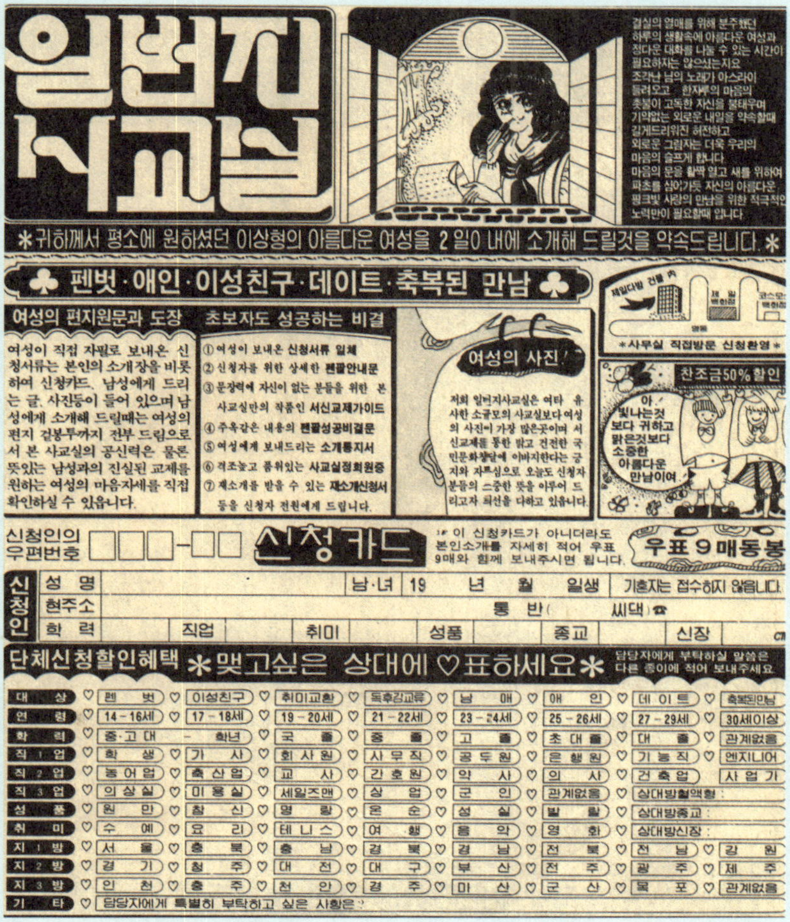

70~80년대 주간지의 남녀소개 광고

7, 80년대를 풍미했던 주간지의 남녀소개 광고이다. 요즘으로 치자면 '결혼정보회사'와 같다고나 할까? 신청카드에 본인의 취향을 적어서 보내면 평소에 원하던 이상형의 아름다운 여성을 2일 이내에 소개해 준다고 한다. 연령, 학력, 직업, 성품, 취미 등 상하좌우 수십 개의 칸들을 조합하면 정말로 엄청난 수의 취향이 나타날지언데, 어쩌자고 딱 이를 안에 골라준다고 했는지……, 지금 생각해보니 정말 아리송한걸?

5장

아름다움에 관하여
이쁜이 가짜

〈낮과 밤〉에서, 석판, 1933년

새들이 우르르 날아가는데……. 엥? 어디로 가는 거지? 낮이야 밤이야? 밤과 낮은 틀림없이 서로 다른 거지만 요기 그림 속에선 밤과 낮이 짬뽕이 돼부렀어요. 밤이면서도 낮이네! 이렇게 서로 다른 두 가지 경우가 섞여 있는 걸 철학에선 '이율배반'이라고 한대요. 지금부터는 아름다움에 얽히고설킨 두 가지 문제를 다루게 됩니다요. 먼저 아름다움의 이론에서 떼거지주의(객관주의)와 나홀로주의(주관주의)의 대결이지요. 이어서 취미(아름다움을 감상하는 능력) 판단의 이율배반에 대해서도 생각해볼 건데요, 여기서 수수께끼 하나! 객관적인 미의 기준이 있을까요? 당연히 없재! 아니 뭔 소리여, 있당께그랴! 없지롱!~있지롱~없지롱!~있지롱~ 누가누가 옳을까, 알아맞혀 보아요.

⟨밀로의 비너스⟩ 기원전 100년

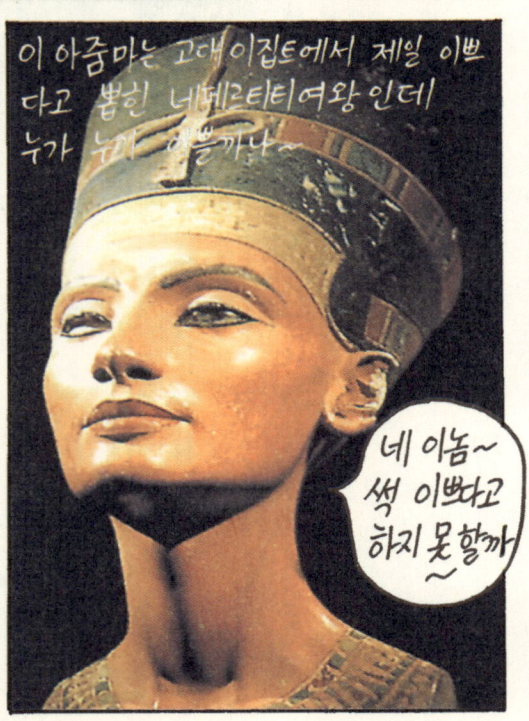
⟨네페르티티 왕비⟩

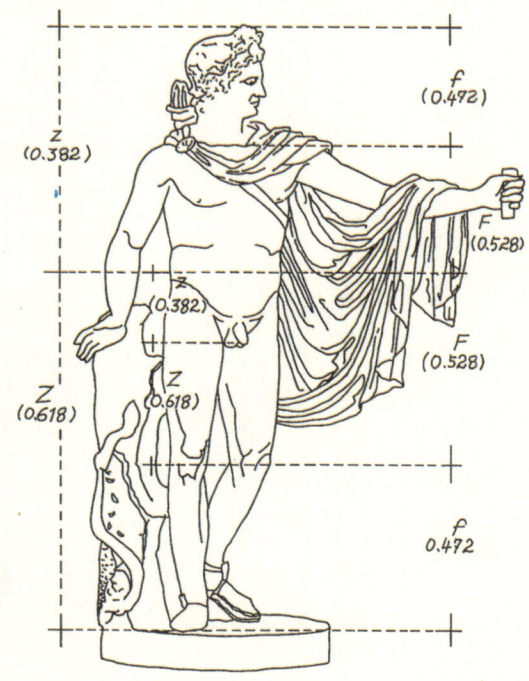

〈벨베데레의 아폴론〉의 인체 비례

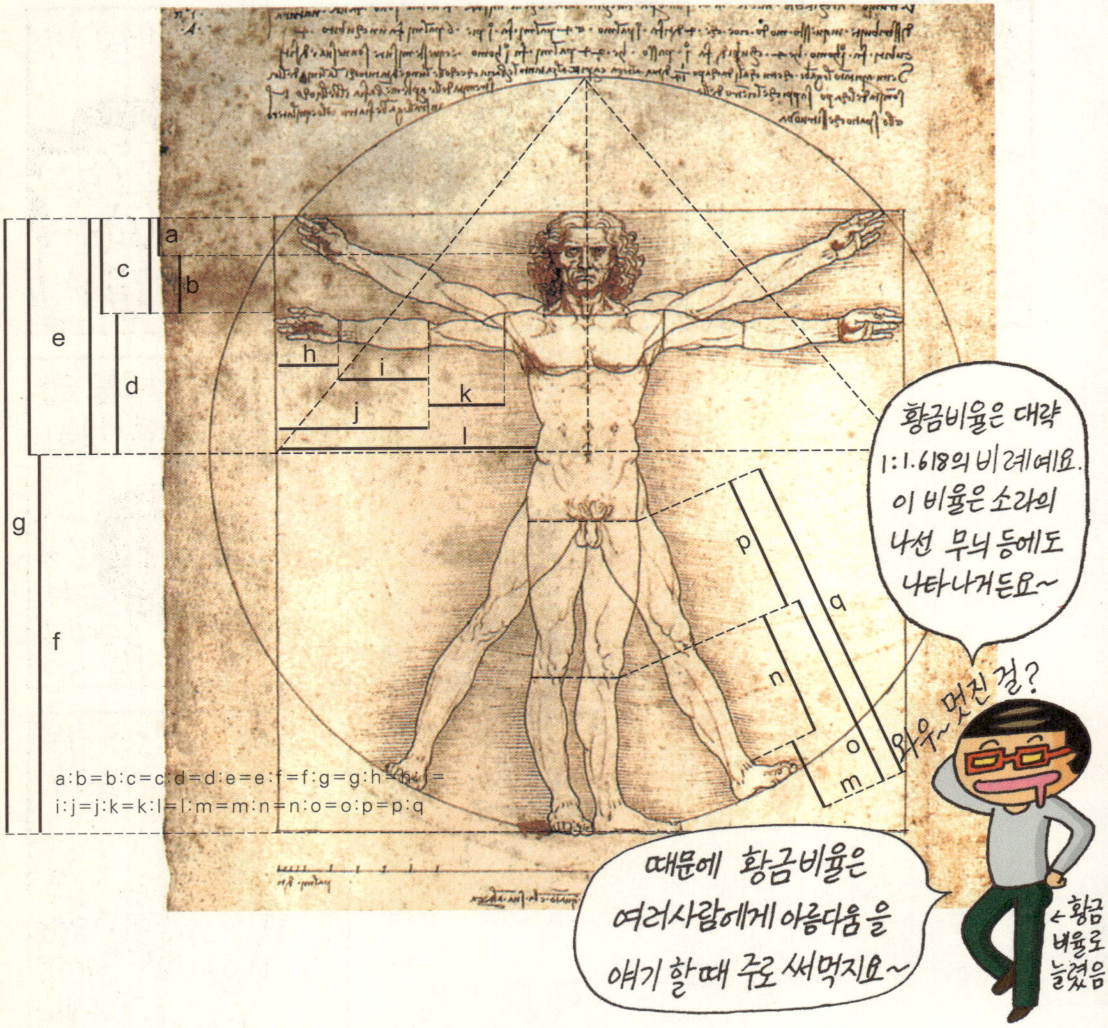

a:b=b:c=c:d=d:e=e:f=f:g=g:h=h:i=
i:j=j:k=k:l=l:m=m:n=n:o=o:p=p:q

비트루비우스의 건축론에서 영감을 받아 그린 인체 비례 연구, 레오나르도 다 빈치, 1487년

〈뮐렌도르프의 비너스〉 기원전 1만 5,000~1만 년

★ 테오도르 립스(Theodor Lipps, 1851~1914년): 독일의 심리학자, 철학자.

생활미학산책

대한민국 미학계, 대사건 발생

1980년 우리나라 미학계에는 일대 사건이 일어났으니 '미쓰 유니버스 대회'의 주최이다.
전세계의 쭉쭉빵빵 언니들을 불러다가 누가누가 이쁘냐를 골랐던 이쁜이대회가 서울에서 열렸고,
이에 온갖 신문, 잡지, 방송 너나할것없이 취재열기로 한바탕 난리를 떠니 온국민과 온나라가 덩달아
들썩였다. 이때를 계기로 우리들에겐 팔등신의 서양언니들이 미의 이상향으로 비춰졌고,
서구형의 몸매라든지 얼굴이 인기를 끌기 시작했다.
당시 나는 중학교 1학년이었는데, 잡지를 펼치면 한두 명도 아니고 떼거지로 훌라당 벗고 있는 통에
눈이 부셔 정신을 못 차릴 지경이었다. 아마 나뿐만 아니라 내 또래 모든 녀석들의 손양이
제일 바빴던 시기가 아닐까 하는데……. 참고로, 사진 중 손양에게 젤 인기가 있었던 언니는
1등을 한 미쓰 미국이 아니라 포토제닉상을 받은 미쓰 뉴질랜드였다고.

1980년 '미스 유니버스 대회' 관련 기사가 실린 잡지들

부록

———————

돌고 도는 원시~근대 미학 오디세이

뚱땡이 아저씨의 뒤죽박죽 인터뷰

뚱땡이 아저씨의~
뒤죽박죽 인터뷰

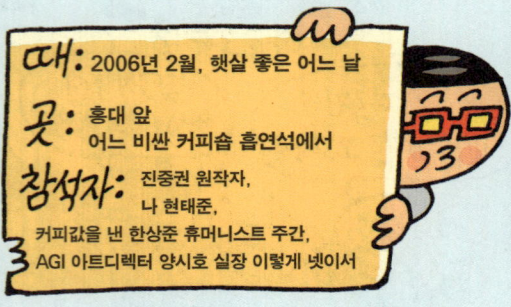

드디어 쭝꿘이 아저씨를 만나다

점심을 먹고서 낮잠이 찾아올 무렵, 약속시간보다 조금 늦게 진중권 아저씨가 나타났다. 마치 영화〈매트릭스〉의 주인공 네오가 '매트릭스의 아버지'를 만나는 것처럼, 나는 지난 2년여간 심혈을 기울인《삼인삼색 미학 오디세이》의 원작자를 만난다는 사실에 살그머니 설레임을 느꼈다. 아~ 드디어 '미학 오디세이'의 비밀이 밝혀지는 것인가! 앗, 드디어 나타나셨도다! 그런데, 그런데! 진 작가님은 '미학 오디세이의 아버지'라고 하기엔 조금 젊은, 아니, 많이 젊어서 차라리 '미학 오디세이의 오빠'가 어떨까 싶은 생각이 들었다고나.

짧은 커트머리에 남방셔츠, 그리고 깨끗한 청바지 차림의 아저씨에게선 풋풋한 생과일 냄새가 났다(큭! 농담입니다요~). 아무튼 간에 내

가 말하려는 요지는 그러니께…… 거시기, 아저씨는 차암 단정한 차림이었다는 것이다!
우리는 서로 간단한 인사를 나누고 자리에 앉았다. 음, 읃, 음…… 약간의 긴장감이 흘렀다. 드디어 인터뷰를 시작하는 거야. 호흡을 가다듬고 멋진 인터뷰를 해야지! 무슨 질문을 할까…… 음 음…… 저어, 선생님……

'인생에 있어서 미학의 내면적인 승화와 정신의 철학이 오늘날 인류에게 미친 영향에 대해서 알고 싶습니다.'

어때? 정말 품위 있고 멋져버린 질문 아니겠어? 그래, 이런 풍으로 인터뷰를 진행해야지. 나는 내심 흐뭇해졌다. 그래서 그렇게 하려고 했는데……

"지금 입고 계신 남방은 어디서 산 거예요?"

뒤죽박죽 인터뷰 | 193

왠지 쭝권이 아저씨의 패션을 흉내내고픈 독자들이 계실 것 같아서 말이지, 미학에 관한 생각 같은 건 아저씨 책에 다 나와 있으니까…… 그러니께 책에 안 나온 따끈따끈한 비밀인터뷰를 해보고 싶은 생각이 문득 들어버렸던 것이다!

"아, 이 남방은 그냥 백화점에서 산 거예요. 저는 주로 파란색 계열의 남방셔츠를 즐겨 입는 편이구요, 남방 안쪽에 흰색, 검정, 회색의 티셔츠를 받쳐 입는 것을 좋아합니다."

오오, 역시! 친절하게 답변해주시는 진 작가님은 '쳇! 바쁜 시간 쪼개서 나왔더니 뭐 이딴 걸 물어보고 있어!!'라고 성질을 내는 부류와는 다른 분이었던 것이다. 이에 나는 신이 나서……

"그럼 이 바지는요? 그리고 신발은요? 양말은요? 빤쯔는요……?"

쭝권이 아저씨가 초등학생에 시절 보던 어린이 잡지 〈소년중앙〉과 〈새소년〉.
변변한 만화영화나 게임이 없던 시절이라 모든 어린이들이 매달 목이 빠져라 기다리던 인기 많은 잡지였다.
60년대 말에 창간되어 80년대 초쯤에 폐간되었다.

 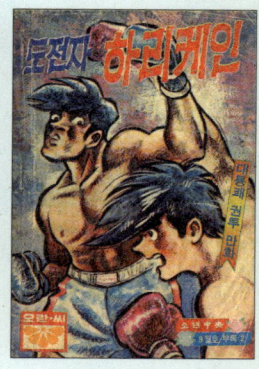

쭁권이 아저씨가 좋아했던 별책부록만화.
어린이잡지에서 빼놓을 수 없는 것이 있었는데 바로 별책부록이었다. 요즘에도 여성지 살 때 가방 같은 부록 보고 사는 것처럼, 당시에도 먼저 부록을 꼼꼼히 따진 후 잡지를 골랐다. 특히 만화는 불량만화라 하여 만화가게에서 보는 걸 금지하던 시절이었으므로, 만화에 굶주린 모범 어린이들에게 잡지의 별책부록만화는 사막에서 갈증을 풀어주는 오아시스 같았다.

이렇게 쭁권이 아저씨의 비밀을 마구 파헤치려 했으나, 쭁권이 아저씨는 다음에 만났을 때 알려주겠다고 했다. 서운한 맘 금할 수 없었으나, 곧 이어진 쭁권이 아저씨의 학창 시절 얘기에 우리 모두 푹 빠져들어갔다.

쭁권이 아저씨의 초·중·고 시절

70년대에 초등학생 시절을 보낸 아저씨의 꿈은 만화가였더란다. 그래서 만화가 많이 실린 〈소년중앙〉이나 〈새소년〉 같은 어린이 잡지를 많이 보았다. 그 중에서도 별책부록으로 나온 《타이거마스크》라든지 《도전자 하리케인》, 《인조인간 머신 X》 같은 만화책을 참 좋아했다.

그리고 당시엔 남자아이들 사이에서 '조립식만들기(프라모델공작)'이 대유행이었는데, 물론 아저씨도 다락방에 처박혀서 그걸 만드느라 밤새는 줄 몰랐다고 한다. 그 중에서도 특히 '독일군 기관총부대와 승마부대 만들기'와 '쉬빔바겐자동차 만들기'는 지금도 기억에 남는 조립식이었다.

쭝권이 아저씨가 다락방에서 정신없이 만들던 '독일기관총부대'라는 100원짜리 군인만들기 조립식.
1976년도에 첫 선을 보인 이 제품은 학교후문의 문방구에서 날개 돋친 듯 팔렸던 조립식이다.
군사정권시절인 탓에 총이나 탱크, 비행기, 보병 같은 밀리터리 관련 장난감들이 매우 풍성했다.

여기까지야 뭐 나도 아저씨처럼 만화책 좋아하고 조립식 좋아했으니까
별반 다를 바 없지만 말입니다요~

사범학교 출신인 아저씨의 어머니는 이웃집에 피아노출장 레슨을 다니시며 당시에는 귀했던 동화책들을 아저씨를 위해 한 권씩 빌려다 주셨다 한다(만화책은 무척 흔했지만, 동화책 같은 것은 그때만 해도 전집으로 팔았으므로 책값이 꽤 비쌌다). 그 덕에 아저씨는 독서를 무척 많이 했고, 평범한 아이들과는 다르게 독서소년이 되어 책 속에 파묻히게 되었다.
그때 읽은 책 중 《이상한 나라의 앨리스》와 《오즈의 마법사》는 오늘날 아저씨의 상상력을 키우는 데 큰 도움이 되었고, 애드가 알란 포의 추리소설 《황금벌레》를 읽은 다음에는 암호 만드는 법을 배워 실제로 친구들에게 써먹기도 했다 하시니, 유년시절에 독서를 통하여 똑똑한 어린이가 되었음을 알게 해주는 대목이라 할 수 있겠다.
그 후 더욱 놀라운 건 아저씨가 중학생 때 벌어진다. 글쎄 그거 있잖수! 책 중에 제일 어렵고 보기만 해도 현기증나는 거! 삼, 사십대면 다들 기억나실 바로 그것, 《성문종합영어》를 말이지요, 중학생 때 다 읽었대요. 워메나! 그것도 《천자문》때듯이 확 뗐답니다! 오 노~

아저씨가 중학생 때 영어도사가 되었다는 말에 어리둥절해진 나는 두 눈만 꿈벅거렸다. 그렇다면 고등학생 땐? '토플'이나 '버케틀러리' 같은 걸 땠겠지 뭐…… 쳇! 샘나네.

그러나 땡! 아니올시다요. 아저씨는 의외로 고교시절엔 공부와 담을 쌓고 살았다 하시니, 사춘기의 반항심이었을까? 중학생 때까지만 해도 모범생이었던 아저씨는 고등학교(양정고)에 들어가 정학을 세 번이나 먹었다. 두 번은 흡연으로, 그리고 한 번은 폭행으로……(워메, 조심해야겠네!).

그 시절 아저씨는 땡땡이를 칠 때마다 주로 곤충채집을 하며 놀러다녔다. 산으로 들로 나비나 뱀들을 잡으러 다녔고, 물론 여학생도 잡으러…… 종종 그러다가 한 여학생과 2년 동안 교제하기도 했으니, 텔레비전과 만화책만 보며 모범생으로 보냈던 나와는 점점 멀어지는 아저씨가 점점 부러워지는 것이었다. 그러나 그럴 리가 있겠수! 땡땡이 고교생의 최후가 있잖아요…….
아아, 그것은 정말 비참한 것! 남들 공부할 때 팔짝팔짝 뛰어논 벌! 남들 책상 위에서 코~ 잘 때 애인하고 히히덕거린 벌! 대학입시에 당연히 떨어지고 낙심 끝에 우울증에 걸려 인생포기……

아아, 불쌍해라! 우리에겐 이런 애틋한 인생의 사연들이 넘쳐나고 있었잖은가? 그래서 우리는 열심히 공부를 해야 하지 않았던가? 이렇듯 무시무시한 땡땡이의 최후가 아저씨한테도 왔을 거란 말이지~ 후후후.
그런데 꺄아아아악~~~! 놀랍게도 아저씨는 단 한방에, 그 어렵다고 소문난 국립 서울대학교 미학과에 들어가버린 것이었다. 아니 세상에 이럴 수가! 정말 아저씨는 아이큐 1000단인가 봐!

"진짜예~요?"

나는 감히 믿을 수가 없어 다시 물어보았다.

"중학교 때 미리 해놓은 영어와 수학이 많은 도움이 됐지요. 그리고 그 외의 암기과목들은 고3때 조끔씩만 하면 됐으니까……."

아저씨의 취미생활
아저씬 음악은 전혀 안 듣는다. 이유인즉 어렸을 때부터 어머니가 집에다 피아노학원을 차려 놓으신데다가 두 누나가 날마다 피아노를 꽝꽝거렸기 때문이다. 그래서인지 지금도 시끄러운 피아

〈쭝권아찌의 초밥은 맛있어~〉

쭝권이 아저씨가 재미있게 본 〈잃어버린 세계 쥬라기 공원〉(스티븐 스필버그 감독).
이 작품만큼 컴퓨터 그래픽으로 실감나는 영상을 보여준 영화가 있었던가~!
거기다가 3D사운드의 효과까지 , 극장에서 보다가 정말 무서워서 죽는 줄 알았다.
한여름이었던 걸로 기억하는데, 반팔을 입고 극장의 에어컨이 너무 추운데다가
화면에서 계속 비가 내리고 있어 벌벌벌 떨며 보았던 영화.
후에 3탄까지 나왔는데 그 중 1탄이 젤 재미있었다.

노 소리는 아저씨에게 세상에서 제일 끔찍한 소리다(두 누나 중 한 분이 지금 세계적으로 아주 유명한 진은숙 작곡가라고 하지요). 그 덕택에 춤도 못 추게 되어 나이트 가서 여자 한번 꼬셔보는 게 소원이 되었다는데……(그렇다면! 저랑 같이 가보실까용? 소원 들어드릴게, 흐흐……). 좋아하는 음식은 스파게티와 스시(생선초밥)이다. 스파게티를 먹을 땐 와인(포도주)을 곁들여서, 스시를 먹을 땐 사케(일본 술 - 정종)와 함께 먹는 걸 제일 좋아한다. 싫어하는 음식은 '퓨전'이 들어간 음식들. 여가시간엔 주로 영화를 보는데, 프랑스 예술영화처럼 골치 아픈 영화 말고 아무 생각 안 나는 할리우드풍의 영화를 즐겨 본다. 그 중에서도 액션, 공포, 멜로물은 그저그렇고 조금이나마 역사적 근거가 있는 영화를 좋아한다. 지금까지 본 영화 중에는 〈쥬라기 공원〉이 참 재미있었다. 그 외에도 2차대전에 관련된 영화도 좋아하는데 〈라이언 일병 살리기〉, 〈에너미 앳 더 게이트〉, 〈태양의 제국〉이 기억에 남는 영화다(주로 스필버그 아저씨 걸 좋아하시는구먼).

아저씨는 도박도 안 하고 컴퓨터게임도 안 하고 쇼핑도 안 한다(나랑 정반대네~). 소설책도 안 읽는데, 허구라서 재미가 없기 때문. 대신 철학서 같은 것은 사실에 기반을 둔 거라서 많이 읽는 편이나, 그것도 다 읽지 않고 요점만 골라서 읽는 편이다.

인터넷은 정치 관련 사이트나 들락거린다. 최근 자주 가는 곳은 '브릭'(bric.postech.ac.kr)이라는 생명공학사이트인데, 황우석 사건을 명백하게 밝혀낸 곳이다(부끄러운 사이트는…… 물어보는 걸 까먹어서…… 미안합니다).

"좋아하는 사람은요?"

"자기 일에 프라이드(자신감) 있는 사람, 호기심 많은 사람, 창조적인 사람이요."

아저씨는 1986년 대학을 졸업한 후에는 바로 군대에 현역병으로 갔다. 국방부의 통신부대에 있었으며, 87년 대선 때엔 선거운동을 할 정도로 정치에 관심이 많았다. 제대 후 92년까지 대학원에 다니면서 '노동자문화예술운동연합'에서 일했고, 94년부터 99년까지는 독일에서 유학하였으며(베를린 자유대학교 철학 전공), 돌아온 후엔 〈아웃사이더〉란 진보잡지에서 편집위원을 했다.

"그래도 독일의 유학시절이 제일 행복했어요. 돈은 없었지만 여행도 많이 가고 요리도 많이 해먹고 전시회도 가장 많이 다녔던 풍요로운 시절이었지요. 지금도 매년 독일에 가서 새로운 강의도 듣고 책도 30kg씩 사옵니다."

아름다움에 관하여

"우리는 아름다움을 너무 조각적인 개념으로 봅니다. 연극적인 아름다움도 있는데……"

"넹? 뭐, 뭐라고요? 잘 모르겠는데용~"

"그러니까 우리는 껍데기, 즉 외모만 중요시하지 행위의 아름다움 같은 것에 관심이 없는 편이에요. 그것은 어떤 상황이 닥쳤을 때 어떻게 대처하는 것을 말하는데, 예를 들면 남에 대한 배려 같은 것이죠. 배우고 못 배우고를 떠나 현명하게 행동하는 걸 말합니다."

"아항~ 그러니까 얼굴이 못생겨도 남자친구가 배고픈 것 같아 보이면 빵을 사준다든가, 코~ 자자고 조를 때 살짝 뽀뽀로 때운다든가 그런 거구나~."

그래! 그러고 보니 이 점은 쭝권이 아저씨가 아주 명확하게 얘길 해준 것 같았다. 우리는 사람을 외모로만 판단하려는 경향이 너무 많지. 척 봐서 돈 좀 있어보이고 공부 좀 한 것 같으면 좋아하고, 지저분하고 쭈글거리면 무시하고…….

"옛날부터 아무리 이쁘고 잘생겨도 4가지가 없으면 재수가 없었잖어……."

바로 그걸 말씀하신 거로구먼.

미술에 관하여

"앞으로는 모든 예술 장르에 경계가 사라질 거예요,
 이미 시작되었지만……."

〈미래의 우리들〉

진 아저씨는 알다시피 정치뿐만 아니라 예술 방면으로도 많은 공부를 한다. 특히 미술쪽은 아저씨의 전문분야 중 하나. 앞으로 미술비평을 하고 싶다는 아저씨는 온갖 미디어, 컴퓨터그래픽, 게임, 디자인, 건축 등을 총망라한 '테크노미학'에 관심이 많다. 과거 레오나르도 다 빈치가 예술의 경계를 무너뜨리고 자유롭게 드나들었듯이 미래의 현대미술은 모든 장르 간에 경계가 사라지고 마구 뒤섞여 우리 앞에 나타날 것이라고.

아저씨가 보기에 앞으로 21세기는 디지털과 그래픽의 발전으로 환타지의 세계가 더욱 강해질 테고, 그렇게 되면 허구와 실제가 헷갈려져(영화를 보면 킹콩 같은 게 너무나 사실적이잖아요!) 진짜와 가짜의 구별이 없었던 2차 주술의 시대가 돌아올지 모른다. 그렇게 되면 미래에는 두 부류의 사람이 존재할 텐데, 하나는 프로그래밍하는 사람이고 또 하나는 프로그래밍당하는 사람이다(영화〈매트릭스〉를 생각해 보아용~).

이렇듯 아저씨의 말을 듣고 있자니 참으로 영화 같은 일들이 어느 새 우리 주변에서 많이 일어나고 있는 것 같은 생각이 들었다. 우리 젊은이들이 어두컴컴한 피씨방에서 밤을 새고 하는 온라인 게임 있잖아요. 리니지나, 와우(WOW) 같은 거요. 그러고보니 갸들은 프로그래밍당하고 있는 거네~! 에공, 이팔청춘에……. 안타깝네. 그러게 우리 모두 피씨방 문을 박차고 밖으로 뛰어나가 보아요. 새들과 꽃들과 언니오빠들이 기다린다네!~

인터뷰를 마치며

인터뷰 뒤로 갈수록 미학에 관한 얘기가 출현하여 해골이 복잡해졌지만(옆자리의 양시호 디자이너께서 좋은 질문을 많이 해주셨다), 워낙 쉽게 설명을 해주셨기 땜에 머리에 쏙쏙 들어오는 기분이었다. 쭝권이 아저씨는 예상 외로(?) 친절하고 성실한 초대손님이었던 것이다! 원래 말씀하는 걸 좋아하는 것일까? 뭔가를 얘기할 때 두 눈이 빤짝빤짝 생기가 돌았다. 아무튼 간에 참 유익한 시간이었습니다요. 끝으로 아저씨의 앞으로 작업에 관해 여쭈었더니…….

"남이 알아듣든 못 알아듣든 내 연구를 최대치까지 끌어올려 갈 데까지 가보고 싶어요."

네, 팍팍 가주세요. 그럼 기대하겠습니다! 오빵~~ 〈인터뷰 끝〉

쭝권이 아저씨와 나의 멋진 모습. 잘 어울리죠!

삼인삼색 미학오디세이 1

원작 | 진중권
글·그림 | 현태준

1판 1쇄 발행일 2006년 6월 19일
1판 8쇄 발행일 2011년 5월 23일

발행인 | 김학원
편집인 | 선완규
경영인 | 이상용
편집장 | 위원석 정미영 최세정 황서현
기획 | 나희영 임은선 박인철 최윤영 김은영 박정선 조은화 김희은 김서연 정다이
디자인 | 김태형 유주현
마케팅 | 이한주 하석진 김창규 이선희
저자·독자 서비스 | 조다영 함주미 (humanist@humanistbooks.com)
본문·표지 출력 | 이희수 com.
사식 | 텍스트
용지 | 화인페이퍼
인쇄 | 청아문화사
제본 | 정민제책

발행처 | (주) 휴머니스트 출판그룹
출판등록 제 313-2007-000007호 (2007년 1월 5일)
주소 | (121-869) 서울시 마포구 연남동 564-40호
전화 | 02-335-4422 팩스 | 02-334-3427
홈페이지 | www.humanistbooks.com

ⓒ 진중권·현태준, 2006

ISBN 978-89-5862-107-2 07600
ISBN 978-89-5862-106-5 (세트)

만든 사람들

편집주간 | 한상준
책임편집 | 김혜경
아트디렉터 | AGI 양시호
디자인 | AGI 신경숙
채색 | 김학천
문의 | 교양만화 편집장 위원석 (wws2001@humanistbooks.com)

- 이 책은 저작권법에 따라 보호받는 저작물이므로 무단전재와 무단복제를 금합니다.
- 이 책의 전부 또는 일부를 이용하려면 반드시 저작권자와 (주)휴머니스트 출판그룹의 동의를 받아야 합니다.